Cuisine express

Cuisine express

HACHETTE
Pratique

Sommaire

Introduction

Vous me connaissez probablement, au moins par mère ou grand-mère interposée !

C'est dire que depuis pas mal d'années, j'essaie de « tenir la main » à des femmes, même à des jeunes hommes de nos jours, pour les aider à réussir la cuisine que j'aime, celle que vous aimez, car vous l'avez dégustée dans votre famille dès vos plus tendres années.

Les goûts évoluent, lentement il est vrai, mais il faut bien admettre que la cuisine « faite à la maison » s'en ressent. Elle n'est plus tout à fait celle de votre enfance.

Oui, la façon de se nourrir n'est plus tout à fait la même qu'il y a 30 ans, menus plus légers, moins construits, plats plus vite faits, peu de cuisine en semaine. Cependant, même les plus pressés d'entre nous se soucient de la qualité de leurs plats.

C'est pour cela que j'ai décidé de reprendre – sans les bouleverser – mes recettes rapides dont je suis fière et qui ont fait leurs preuves depuis longtemps : pour une cuisine express et fiable !

J'y ai apporté les modifications pour qu'elles s'adaptent à nos modes de vie, bien qu'elles soient peu évolutives, car elles sont à la base de la cuisine familiale.

La présentation a beaucoup d'importance. Et c'est là la raison d'être de mon nouveau livre *Cuisine express* : des illustrations pour la plupart des recettes, de celles qui vous font saliver, accompagnées bien sûr des explications de Françoise Bernard, toujours simplifiées, claires, précises…

À vous de jouer !

Françoise Bernard

Entrées

10 min

Betterave vinaigrette

Difficulté ★ - **Coût** ★★

Pour 4 personnes **Betterave rouge cuite, 1 grosse ▪ Sucre en poudre, 1/2 cuil. à café**
Vinaigrette **Huile, 3 cuil. à soupe ▪ Vinaigre, 1 cuil. à soupe ▪ Échalote, 1 ▪ Persil ▪ Sel, poivre**

1 Épluchez la betterave. Coupez-la en rondelles ou en dés. Disposez-les dans un ravier. Saupoudrez très légèrement de sucre en poudre.

2 Hachez l'échalote et le persil. Délayez la vinaigrette avec l'échalote et le persil. Versez sur la betterave. Servez dans des verres ou des coupelles.

Mon avis

- *On peut ajouter le blanc d'un œuf dur, finement haché.*
- *Avec la salade de betterave rouge, vous pouvez mélanger : des fines lamelles de pomme, des cerneaux de noix, des bâtonnets de céleri-branche ou de fenouil cru, du cresson, des haricots verts.*

20 min

Céleri rémoulade

Difficulté ★ - **Coût** ★

Pour 4 personnes **Céleri-rave, 400 g ▪ Citron (facultatif), 1/2**
Rémoulade **Jaune d'œuf, 1 ▪ Huile de tournesol, 25 cl environ ▪ Vinaigre, 1 cuil. à soupe ▪ Moutarde forte, 1 cuil. à soupe ▪ Sel, poivre**

1 Épluchez le céleri. Râpez-le pas trop fin. Arrosez-le tout de suite de jus de citron, si vous voulez qu'il reste blanc.

2 Rémoulade : mettez le jaune d'œuf et la moutarde dans un bol. Incorporez-y peu à peu l'huile en la versant en filet et sans cesser de fouetter. Ajoutez en dernier le vinaigre, du sel et du poivre.

3 Mélangez céleri et sauce avant de servir.

Mon avis

- *Cognez le céleri avec le doigt avant de l'acheter – il doit sonner « plein » – ou soupesez-le : s'il est lourd pour un petit volume, c'est qu'il n'est pas creux. Si vous plongez le céleri 1 min dans de l'eau en ébullition, il s'attendrira et perdra le goût fort que certains lui reprochent.*
- *Pour obtenir un céleri rémoulade un peu confit, assaisonnez-le 1 ou 2 h à l'avance.*
- *Je recommande l'huile de tournesol pour la mayonnaise qui pourra ainsi être conservée au réfrigérateur sans tourner. Tous les éléments de la sauce doivent être à la même température sinon gare aux accidents ! Pour simplifier, vous pouvez utiliser de la mayonnaise toute préparée.*

Chou vinaigrette

15 min

Difficulté ★ - Coût ★

Pour 4 personnes Chou rouge ou blanc, bien serré, 1 petit ▪ Oignon, 1 ou 2
Vinaigrette Huile, 3 cuil. à soupe ▪ Vinaigre, 1 cuil. à soupe ▪ Sel, poivre

1 Ôtez les grosses feuilles du chou. Coupez le cœur en quatre. Posez ces quartiers sur une planche et tranchez-les en fines lanières avec un grand couteau de cuisine bien aiguisé. Coupez l'oignon en fines rondelles.

2 Préparez une vinaigrette bien relevée. Mélangez-la avec le chou râpé. Disposez dessus les rondelles d'oignon.

Mon avis

- *Vous pouvez râper le chou cru, coupé en tronçons, avec une râpe mécanique ou électrique.*
- *Le chou peut être consommé après avoir macéré 12 h ; il a plus de goût mais il est moins croquant. Pour changer, ajoutez-y de fines lamelles de pommes-fruits : les deux font bon ménage ; ou mélangez chou blanc et chou rouge. Attention, le chou rouge déteint... faites le mélange à la dernière minute.*
- *On peut assaisonner le chou blanc de vinaigre bouillant afin d'attendrir sa chair.*

Tomates farcies au thon

15 min

Difficulté ★ - Coût ★

Pour 4 personnes **Tomates, 4 moyennes ▪ Miettes de thon à l'huile, 1 petite boîte (100 g environ) ▪ Œufs, 2 ▪ Vinaigre, 1 cuil. à café ▪ Fines herbes (persil, cerfeuil, ciboulette) ▪ Sel, poivre**

1 Faites bouillir les œufs pendant 10 min.

2 Dans chaque tomate, découpez une rondelle assez large, du côté opposé à la tige. Creusez les tomates avec une petite cuillère. Salez-en l'intérieur et retournez-les sur une assiette pour qu'elles rendent leur jus.

3 Écalez les œufs. Coupez-les en petits morceaux. Mélangez-les avec les miettes de thon, 1 cuil. à café de vinaigre, les fines herbes hachées, du sel et du poivre.

4 Remplissez les tomates avec cette farce.

Mon avis

Vous pouvez lier la farce en y ajoutant 1 ou 2 cuil. à soupe de mayonnaise ainsi que des câpres hachées pour en relever davantage le goût.

15 min

Croûte au pot gratinée

Difficulté ★ - Coût ★

Pour 4 personnes **Bouillon de viande concentré, 2 tablettes ▪ Tranches de pain grillé ou rassis (ou biscottes), 4 ▪ Gruyère râpé, 50 g ▪ Beurre, 1 noix**

1 Dans une cocotte allant au four, faites chauffer 1 l d'eau. Ajoutez les 2 tablettes de bouillon concentré (ni sel, ni poivre ; le bouillon en tablette est assaisonné). Allumez le four ou, mieux, le gril.

2 Lorsque les tablettes sont fondues, retirez du feu. Disposez le pain à la surface. Saupoudrez de gruyère râpé. Parsemez de noisettes de beurre. Faites gratiner quelques minutes dans le haut du four très chaud.

Mon avis

- *Excellent potage pour des invités de grand appétit arrivant chez vous à l'improviste.*
- *Vous pouvez l'améliorer encore en y ajoutant quelques oignons émincés et dorés à la poêle, ainsi qu'un petit verre à apéritif de porto, avant de mettre à gratiner.*

20 min

Coques d'avocat

Difficulté ★ - **Coût** ★

Pour 4 personnes **Avocats, 2 ▪ Belles tomates, 2 ▪ Oignon, 1 ▪ Câpres, 1 cuil. à café ▪ Fromage blanc, 1 cuil. à soupe ▪ Citron, 1 ▪ Huile, 3 cuil. à soupe ▪ Sel, poivre**

1 Les coques : coupez les avocats en deux. Videz-les soigneusement sans abîmer la peau. Frottez l'intérieur de ces « coques » vides avec du citron pour éviter qu'elles ne noircissent. Mettez-les au réfrigérateur. Épluchez les tomates et videz-les de leurs pépins. Coupez la chair en petits dés ainsi que celle des avocats.

2 La garniture : mélangez intimement les tomates et l'avocat avec l'oignon haché, les câpres, le fromage blanc, le jus de citron, du sel, du poivre et l'huile. Mettez au froid.

3 Au moment du repas, disposez cette salade dans les « coques » d'avocat.

Mon avis

Les secrets de l'avocat qui ne noircit pas : coupez-le à la dernière minute avec un couteau inoxydable et, si possible, aspergez-le de citron au fur et à mesure.

20 min

Beignets de crevettes

Difficulté ★ - **Coût** ★★★

Pour 4 personnes **Crevettes décortiquées (surgelées ou non), 1 paquet**
Pâte à beignets rapide **Blancs d'œufs, 2 ▪ Maïzena, 3 cuil. à soupe ▪ Citron, 1/4 ▪ Sel, 2 pincées**

1 Battez les œufs en neige ferme avec le sel et le jus de citron. Ajoutez la Maïzena en pluie tout en mélangeant avec une cuillère en bois. La pâte doit être utilisée immédiatement.

2 Trempez les crevettes dans cette pâte à beignets rapide. Jetez-les dans l'huile très chaude.

3 Dès qu'elles sont de couleur ivoire, égouttez-les sur du papier absorbant. Servez très chaud.

Mon avis

- *Pour aller plus vite, trempez les langoustines ou les crevettes non dégelées dans la pâte à beignets et mettez-les aussitôt à l'huile moins chaude que d'ordinaire afin de leur laisser le temps de dégeler et de cuire à la fois.*
- *Laissez macérer 1 h les poissons ou les crustacés avec de l'huile, du jus de citron, des aromates, du sel et du poivre. Vous les ferez frire ensuite comme d'habitude, leur saveur sera plus fine encore.*
- *N'hésitez pas à servir ces beignets avec une sauce préparée avec de l'huile d'olive et du jus de citron.*

20 min

Brochettes de fruits de mer

Difficulté ★ - **Coût** ★★★

Pour 4 brochettes **Queues de langoustines non décortiquées, 12 ▪ Noix de saint-jacques, 8 ▪ Lard maigre, 8 dés ▪ Huile ▪ Citron ▪ Sel, poivre**

1 Coupez le citron en demi-rondelles. Enfilez sur chaque brochette en alternance : 3 queues de langoustines, 2 coquilles Saint-Jacques, 2 dés de lard et des demi-rondelles de citron.

2 Badigeonnez les brochettes d'huile. Salez, poivrez. Faites cuire sous le gril ou dans le haut du four très chaud, 2 à 3 min de chaque côté.

15 min

Cocktail de fruits de mer

Difficulté ★ - **Coût** ★★★

Pour 4 personnes **Crabe, 1 boîte (190 g environ) ▪ Crevettes cuites décortiquées, 100 g ▪ Œufs, 2 ▪ Oignon blanc, 1 ▪ Mayonnaise, 5 cuil. à soupe ▪ Ketchup, 2 cuil. à soupe ▪ Cognac, 1 cuil. à café ▪ Poivre de Cayenne, 1 pincée**
Présentation **Feuilles de laitue**

1 Faites bouillir les œufs 10 min. Aussitôt cuits, mettez-les à refroidir sous le jet du robinet. Hachez finement l'oignon. Égouttez le crabe et séparez la chair en filaments ; retirez soigneusement les cartilages. Coupez les crevettes en dés.

2 Dans une terrine, mélangez la mayonnaise, 2 cuil. à soupe de Ketchup, le cognac, le poivre de Cayenne, l'oignon finement haché, le crabe, les crevettes en dés et les œufs durs coupés menu.

3 Présentez soit sur des feuilles de salade, soit dans un grand plat ou dans des bols.

Mon avis

- De ce cocktail de crustacés, je fais généralement un hors-d'œuvre très complet et très décoratif. Sur la même assiette, je dépose le cocktail de crustacés et des petits tas de crudités, assaisonnées ou non de vinaigrette. Ce hors-d'œuvre est toujours très apprécié, vite fait et économique de surcroît car cela permet de diminuer la quantité de crustacés.

- On peut aussi le préparer avec des langoustines, de la langouste ou du homard.

- Une présentation en vogue : servez dans des verres ou dans des bols évasés garnis de laitue ciselée en chiffonnade, à la façon des « chefs ».

15 min

Moules ou coques vinaigrette

Difficulté ★ - Coût ★

Pour 4 personnes **Moules ou coques, 2 l**
Vinaigrette **Vinaigre, 2 cuil. à soupe ▪ Huile, 6 à 8 cuil. à soupe ▪ Échalote, 1 ▪ Fines herbes (persil, cerfeuil, ciboulette) ▪ Sel, poivre**

1 Grattez et lavez les moules. Mettez-les dans une cocotte et faites-les ouvrir sur feu vif. Dès qu'elles sont ouvertes, retirez-les du feu. Décoquillez-les.

2 Dans un saladier, délayez le vinaigre, du sel, l'huile et du poivre. Mélangez-y les moules. Parsemez d'un hachis d'échalote et de fines herbes.

Mon avis

- *Plutôt qu'à la vinaigrette, moi, je préfère les moules ou les coques à la mayonnaise. Pensez aussi à ajouter des fines herbes.*
- *Les coques se préparent de la même façon, mais avant de les faire ouvrir sur le feu, il est indispensable de les laisser tremper 30 min dans de l'eau fortement salée pour qu'elles puissent rejeter le sable qu'elles contiennent.*

30 min

Œufs frits au bacon

Difficulté ★ - **Coût** ★

Pour 4 personnes **Œufs, 4 ▪ Huile, 1 verre ▪ Bacon ou poitrine fumée, 4 tranches ▪ Tomates, 2 petites ▪ Persil ▪ Sel, poivre**

1 Dans une poêle pas trop grande contenant un peu d'huile, saisissez les tranches de bacon ou de poitrine quelques instants sur chaque face. Tenez-les au chaud.

2 Ajoutez le reste d'huile dans la poêle. Faites-la chauffer. Lorsqu'elle est chaude, mais non brillante, mettez-y les œufs à frire un par un, de la façon suivante : cassez l'œuf dans une tasse ; maintenez la poêle légèrement inclinée ; faites-y glisser l'œuf. Lorsque le blanc commence à prendre, ramenez-le sur le jaune avec une cuillère en bois. Laissez frire 2 min environ sur feu moyen. Égouttez et maintenez au chaud, entre deux assiettes creuses, sur une casserole d'eau chaude.

3 Quand les œufs sont cuits, faites sauter vivement, dans la même poêle, les tomates coupées en deux.

4 Sur le plat de service, disposez les tomates saupoudrées de persil haché, de sel et de poivre, en les intercalant avec les œufs frits posés sur les tranches de bacon.

Mon avis

- *Les œufs frits – avec ou sans tomates – sont excellents pour un petit déjeuner à l'anglaise ou pour un brunch. Dans ce cas, l'œuf est souvent présenté sur un toast de pain de mie grillé.*
- *Déposez les œufs frits sur du papier absorbant; les œufs seront moins gras, donc plus légers.*
- *Si vous considérez ce plat comme l'élément principal de votre repas, doublez les quantités.*
- *N'utilisez que des œufs très frais et ne faites frire qu'un seul œuf à la fois.*

Œufs brouillés

15 min

Difficulté ★ - Coût ★

Pour 4 personnes **Œufs, 8 ▪ Beurre, 40 g ▪ Sel, poivre**

1 Dans une casserole épaisse, de préférence à fond arrondi, battez légèrement les œufs, avec du sel, du poivre et des noisettes de beurre.

2 Faites cuire au bain-marie, sur feu moyen, sans cesser de remuer avec une cuillère en bois jusqu'à ce que le mélange prenne en crème. Le temps de cuisson plutôt long est de 8 à 10 min environ.

Mon avis

• Pourquoi a-t-on raté l'œuf brouillé ? L'œuf brouillé « raté » se présente comme de l'omelette trop cuite. Il n'est ni moelleux, ni crémeux parce que :

- on l'a fait cuire dans la casserole directement sur le feu ou trop longtemps ;

- la casserole est trop mince ;

- on l'a travaillé avec un fouet, au lieu d'une cuillère en bois.

Pour les rattraper : ajoutez-y bien vite 1 cuil. à café d'eau froide ou trempez le fond de votre casserole dans l'eau très froide pour arrêter net la cuisson.

Crottin chaud en salade

15 min

20 min

Salade de pleurotes et de gésiers confits

Difficulté ★ - **Coût** ★★★

Pour 4 personnes **Gésiers confits (en boîte), 3 ou 4 ▪ Salade (mesclun, salade mélangée ou frisée), 100 g ▪ Pleurotes fraîches et propres, 300 à 400 g ▪ Petite échalote, 1 ▪ Graisse d'oie (de la boîte), 2 cuil. à soupe ▪ Sel, poivre, vinaigrette**
Matériel **4 grandes assiettes plates**

1 Les gésiers : sortez les gésiers de la boîte en les débarrassant de la graisse d'oie qui les entoure. Coupez-les en lamelles.

2 Les pleurotes : lavez rapidement les pleurotes à grande eau. Pressez-les dans un linge pour en extraire le plus d'eau possible. Coupez-les sur une planche si elles sont un peu grosses. Hachez l'échalote.

3 La salade : nettoyez la salade. Disposez les feuilles à plat sur 4 grandes assiettes. Aspergez de vinaigrette.

4 La cuisson : dans une large poêle, mettez 2 cuil. à soupe de graisse d'oie. Quand elle est très chaude, jetez-y les pleurotes. Faites rissoler sur feu très vif. Ajoutez sel, poivre et échalote en cours de cuisson. Versez-les, toutes chaudes, sur la salade en les répartissant équitablement.

5 La présentation : remettez la poêle sur feu moyen. Étalez-y les lamelles de gésiers. Poivrez. Secouez sur le feu, juste pour les tiédir. Versez-les, à leur tour, sur les assiettes. Présentez aussitôt à table.

Mon avis

- *Si vous choisissez des pleurotes très fraîches, de couleur blanchâtre tirant sur le beige, avec une légère et agréable odeur de farine, sèches au toucher mais non desséchées sur les bords, il n'y a pas lieu de les laver. Une fois cuites, elles auront meilleure saveur que des pleurotes lavées qui resteront gorgées d'eau, même bien essorées. Toutefois, si les pleurotes sont terreuses et qu'un lavage s'impose essorez-les dans un torchon tout en le tordant légèrement.*
- *Pour gagner du temps, préparez tous les ingrédients à l'avance et mettez-les au frais. Juste avant de passer à table, la cuisson et la préparation finale se feront en 5 min !*

15 min

Salade de maïs aux couleurs de l'été

Difficulté ★ - Coût ★

Pour 4 personnes **Maïs, 400 g égoutté ▪ Poivrons, 2 ▪ Tomates fermes, 3 ▪ Olives farcies au piment, 8 ▪ Laitue**

Vinaigrette **Paprika doux, 1/2 cuil. à café ▪ Huile, 3 cuil. à soupe ▪ Vinaigre, 1 cuil. à soupe ▪ Sel, poivre**

1 Égouttez le maïs très soigneusement sur du papier absorbant. Essuyez bien les poivrons. Ouvrez-les en deux pour retirer graines et côtes intérieures. Tranchez-les en fines lanières.

2 Mélangez le maïs, les poivrons et la vinaigrette dans un grand saladier. Laissez macérer si possible au frais.

3 Au dernier moment : coupez les tomates en quartiers et les olives farcies en rondelles. Lavez et secouez la laitue. Disposez-en quelques feuilles au fond d'un plat creux. Étalez la salade de maïs dessus, tout en y incorporant les quartiers de tomates et les rondelles d'olives.

Mon avis

Pour trancher facilement en fines lanières les poivrons, ouvrez-les et posez-les à plat, côté brillant sur la planche, afin d'entailler la partie interne de la chair en premier.

Bœuf à l'orientale en salade

30 min

Difficulté ★ **- Coût** ★

Pour 4 personnes **Bœuf bouilli (acheté tout cuit), 250 à 300 g ▪ Riz, 100 g ▪ Poivrons, 2 ▪ Oignon, 1 gros ▪ Olives vertes, 50 g ▪ Melon, 1 petit ▪ Safran, 1 pointe de couteau ▪ Persil ▪ Sel**

Vinaigrette **Huile, 3 cuil. à soupe ▪ Vinaigre, 1 cuil. à soupe ▪ Sel, poivre**

1 Faites bouillir une grande quantité d'eau salée. Lavez le riz dans une passoire, sous le robinet, pour qu'il ne trempe pas. Jetez-le dans l'eau en ébullition. Laissez bouillir, sans couvrir, le temps indiqué sur l'emballage. Égouttez aussitôt. Passez sous l'eau froide pour le rafraîchir. Égouttez de nouveau avec soin.

2 Dans un saladier, mettez la viande coupée en dés, les poivrons épépinés et coupés en lanières, l'oignon coupé en rondelles, le safran, le riz refroidi, le persil haché. Arrosez de vinaigrette et mélangez.

3 Décorez avec les olives vertes dénoyautées et des tranches de melon.

Mon avis

- *Les proportions de cette recette ne sont pas immuables. Ainsi, en supprimant les poivrons, le melon ou bien les olives, vous obtiendrez quand même une bonne salade composée.*
- *Vous pouvez incorporer à la vinaigrette 1 cuil. à soupe de mayonnaise, afin de la lier un peu.*

Plats

Bigorneaux au court-bouillon

15 min

Difficulté ★ - **Coût** ★

Pour 4 personnes **Bigorneaux, 1 l ▪ Bouquet garni (persil, thym, laurier, brin de céleri), 1 ▪ Ail, 1 gousse ▪ Échalote, 1 ▪ Clou de girofle, 1 ▪ Piment de Cayenne, 1 petit ▪ Vin blanc sec, 1 verre ▪ Sel, 1 cuil. à café ▪ Poivre concassé**

1 Lavez les bigorneaux dans plusieurs eaux.

2 Mettez-les dans une casserole d'eau froide avec tous les ingrédients de la recette, le vin et assez d'eau pour les couvrir tout juste. Faites chauffer sur feu moyen. Juste avant l'ébullition, réglez sur feu doux et laissez bouillir à petits bouillons 10 min. Laissez tiédir ou refroidir dans le court-bouillon.

Mon avis

- *Choisissez des bigorneaux bien gros et bien vivants. Attention à l'odeur : un seul mauvais bigorneau et tous les autres sont gâchés. Assurez-vous de leur fraîcheur tout en les lavant.*
- *Piquez plusieurs épingles à tête de verre, assez longues, sur un bouchon. Mettez-les sur la table. On s'en servira pour extraire les bigorneaux de leur coquille. Les bigorneaux font une entrée amusante ou même un amuse-gueule apprécié avec l'apéritif.*

15 min

Coquilles Saint-Jacques simplement poêlées

Difficulté ★ - **Coût** ★★★

Pour 4 personnes **Coquilles Saint-Jacques ouvertes par le poissonnier, 12 ▪ Beurre, 30 g ▪ Persil haché, 1 cuil. à soupe ▪ Citron, 1 ▪ Sel, poivre**

1 Détachez la chair et le corail des coquilles. Lavez-les et épongez-les soigneusement.

2 Faites-les poêler dans le beurre mousseux, 3 à 4 min selon leur taille. Salez, poivrez.

3 Saupoudrez de persil et servez sans attendre avec des quartiers de citron.

Mon avis

- *Servez tel quel, dans la plus grande simplicité, ou sur une salade de mesclun assaisonnée d'un filet d'huile d'olive et de vinaigre balsamique ou vinaigre de framboise.*
- *On peut aussi poêler les saint-jacques à l'huile d'olive et ajouter alors une gousse d'ail finement hachée en fin de cuisson.*
- *Coupez les noix de saint-jacques en deux si elles sont vraiment très grosses.*
- *Le corail n'est pas un gage de qualité pour les coquilles mais plutôt une indication sur leur origine ou la saison. Moi, je préfère les coquilles sans corail... mais à chacun son goût !*

Maquereaux grillés à la crème fraîche

15 min

Difficulté ★ - Coût ★

Pour 4 personnes **Petits maquereaux, 4 ▪ Huile, 2 cuil. à soupe ▪ Crème fraîche, 100 g ▪ Fines herbes (persil, cerfeuil, estragon, ciboulette) ▪ Sel, poivre**

1 Allumez le gril.

2 Avec un couteau pointu, bien tranchant, faites quelques incisions légères sur chaque maquereau. Badigeonnez-les d'huile sur les deux faces. Déposez-les sur une grille placée elle-même sur la plaque creuse du four (lèchefrite). Glissez sous le gril très chaud. Faites cuire en laissant la porte du four ouverte, de 3 à 4 min sur chaque face.

3 Mettez les maquereaux dans un plat chaud. Salez, poivrez. Recouvrez-les de crème fraîche, légèrement tiédie, et de fines herbes hachées. Servez aussitôt.

Mon avis

- *On peut aussi griller les maquereaux au barbecue. Un gros bouquet de thym, de romarin ou de branches sèches de fenouil, qui grille ou flambe sous le poisson, le parfume délicieusement.*
- *Vous pouvez incorporer 1 cuil. à café de moutarde forte à la crème fraîche.*

10 min

Poisson meunière

Difficulté ★ - Coût ★

Pour 4 personnes **Filets de poisson (dorade, merlan, sole...), 600 g environ ▪ Farine, 2 cuil. à soupe ▪ Beurre, 40 g ▪ Citron, 1 ▪ Persil ▪ Sel, poivre**

1 Salez, poivrez et farinez légèrement les filets de poisson.

2 Dans une poêle, faites chauffer modérément le beurre. Déposez-y les filets de poisson. Laissez-les cuire, sur feu moyen, de 3 à 4 min de chaque côté.

3 Déposez les filets dans un plat chaud. Versez le beurre de cuisson dessus. Aspergez de jus de citron. Parsemez de persil haché.

Mon avis

- *Vous pouvez préparer ainsi des filets de : sole, limande, carrelet (= plie), dorade, saint-pierre, merlan, colin (= merlu), truite... ainsi que de lieu noir (= merluche, églefin, colin noir) ou de lieu jaune (= merluche blanche), en tenant compte du fait que sa chair est plus fragile.*
- *On peut cuisiner ainsi des poissons entiers pour une personne, si ce sont des poissons plats et peu épais. S'il s'agit de gros poissons, faites-les couper en tronçons.*
- *Pensez à toujours fariner légèrement le poisson pour l'assécher complètement. La farine, au contact de la matière grasse chaude, formera la croûte dorée qui lui donne son bel aspect.*

15 min

Poisson pané au curry

Difficulté ★ - **Coût** ★

Pour 4 personnes **Filets de poisson, 4 (600 g environ) ▪ Œufs, 2 ▪ Curry, 2 cuil. à café ▪ Farine, 2 cuil. à soupe ▪ Chapelure, 2 tasses ▪ Beurre, 50 g ▪ Huile, 1 cuil. à soupe ▪ Sel, poivre**

1 Battez les œufs en omelette, dans une assiette, avec du sel et du poivre.

2 Aplatissez les filets avec le plat d'un couteau. Salez-les, poivrez-les et saupoudrez-les de curry. Passez-les successivement dans la farine, les œufs battus et la chapelure. Tapotez pour faire adhérer cette dernière.

3 Faites chauffer le beurre et l'huile dans une poêle. Déposez-y les filets. Faites-les cuire, sur feu moyen, de 4 à 5 min de chaque côté.

Mon avis

- *La poudre de curry est composée d'un mélange d'épices différentes, qui peut varier selon les marques. Cependant, on y trouve presque toujours du gingembre, de la coriandre, du safran, du piment, du cumin et des clous de girofle.*
- *Si les filets vous paraissent un peu secs, aspergez-les de jus de citron, dans votre assiette.*

20 min

Quenelles de brochet sauce aurore

Difficulté ★ - Coût ★★★

Pour 4 personnes **Grosses quenelles (en sachet ou en boîte), 12 environ**
Sauce aurore **Beurre, 30 g ▪ Farine, 30 g (1 cuil. à soupe bombée) ▪ Lait, 50 cl ▪ Concentré de tomates, 1 cuil. à café ▪ Sel, poivre**

1 Faites chauffer de l'eau. Lorsqu'elle est sur le point de bouillir, plongez-y les quenelles de 10 à 12 min, juste pour les réchauffer, mais ne laissez pas bouillir.

2 Sauce aurore : faites fondre, sur feu doux, le beurre. Délayez-y la farine sur le feu, sans arrêt, pendant quelques secondes jusqu'à ce que le mélange soit mousseux. Ajoutez-y d'un seul coup le lait froid. Salez et poivrez. Mélangez jusqu'à épaississement. Incorporez-y le concentré de tomates. Laissez cuire, à feu extrêmement doux, une dizaine de minutes.

3 Égouttez très soigneusement les quenelles sur du papier absorbant. Disposez-les dans un plat chaud. Recouvrez-les de sauce et servez-les aussitôt.

Mon avis

Je ne vous ai pas donné la recette de la pâte à quenelles car c'est une préparation minutieuse demandant un tour de main que seule l'habitude vous permettrait d'acquérir. Ne vous lancez pas dans des recettes si compliquées et si coûteuses, puisqu'il existe, dans le commerce, de bonnes quenelles toutes prêtes.

Boudins noirs sautés

12 min

Difficulté ★ - Coût ★

Pour 4 personnes **Boudins noirs, 500 g environ (4 portions) ▪ Huile, 1 cuil. à soupe**

1 Faites chauffer l'huile dans une poêle. Lorsqu'elle est bien chaude, déposez-y les boudins. Laissez-les rissoler sur toutes les faces, sur feu assez vif, puis terminez la cuisson sur feu moyen pendant 7 à 8 min.

Mon avis

- *Piquez le boudin avec une aiguille avant de le cuire. Il éclatera moins facilement.*
- *Des pommes de terre frites ou en purée, des pommes ou encore des marrons en purée conviennent pour accompagner le boudin.*
- *À plat de résistance vite fait, légumes vite prêts : pensez à la purée en sachet, aux pommes chips et aux marrons en boîte !*

25 min

Boudins blancs au four

Difficulté ★ - **Coût** ★★★

Pour 4 personnes **Boudins blancs, 500 g (4 portions)**
Matériel **Papier sulfurisé ou d'aluminium**

1 Préchauffez le four à 230 °C (th. 7-8). Enveloppez chaque boudin dans un rectangle de papier sulfurisé ou d'aluminium, pour les empêcher d'éclater pendant la cuisson. Tournez les deux extrémités du papier pour former des papillotes.

2 Déposez-les sur la grille du four. Laissez-les cuire pendant 20 min environ.

Mon avis

- *Le boudin blanc est l'entrée traditionnelle d'un repas de Noël ou d'un réveillon. Mais si votre boudin blanc ne vient pas d'une excellente charcuterie, il risque d'être très ordinaire. Dans ce cas, mieux vaut tourner le dos à la tradition et servir une bonne entrée plus simple.*
- *Le boudin blanc éclate et se met en bouillie très facilement. Pour limiter les risques, vous pouvez piquer délicatement les boudins avec une aiguille fine, mais pas avec une fourchette qui ferait des trous trop gros. Vous pouvez le faire cuire dans un plat plutôt que sur la grille du four.*

20 min

Andouillettes au chablis

Difficulté ★ - Coût ★

Pour 4 personnes **Andouillettes, 4 ▪ Échalotes, 2 ▪ Beurre, 20 g ▪ Chablis (ou autre vin blanc sec), 20 cl (1 verre) ▪ Persil ▪ Sel, poivre**

1 Faites sauter rapidement les andouillettes dans une poêle avec 1 noix de beurre.

2 Hachez les échalotes. Ajoutez-les dans la poêle ainsi qu'1 verre de vin blanc sec, du sel et du poivre. Laissez mijoter doucement 3 ou 4 min, à couvert. Déposez les andouillettes (sans leur jus) dans un plat de service chaud.

3 Dans le jus resté dans la poêle, sur feu vif, incorporez quelques noisettes de beurre en tournant vivement avec une cuillère en bois. Retirez du feu aussitôt la matière grasse fondue et versez sur les andouillettes. Servez aussitôt, parsemé de persil haché. La purée est l'accompagnement idéal de l'andouillette.

Mon avis

Les andouillettes peuvent être également braisées à four doux. Cela demande un peu plus de temps. Vous doublerez, au moins, la quantité de vin blanc. Les andouillettes devront l'absorber presque complètement pendant les 45 à 50 min nécessaires pour la cuisson. Protégez le dessus du plat avec une feuille de papier d'aluminium, pour la deuxième partie de la cuisson.

15 min

Fricadelles

Difficulté ★ - **Coût** ★

Pour 4 personnes **Steak, 300 g ▪ Oignon, 1 ▪ Pain frais, 125 g ▪ Persil ▪ Sel, poivre ▪ Muscade, 2 ou 3 pincées ▪ Œuf, 1**
Cuisson **Un peu de farine ▪ Huile, 1 cuil. à soupe ▪ Beurre, 25 g ▪ Cresson (facultatif)**

1 Hachez tous les éléments de la recette, au couteau ou, mieux, dans votre mixeur. Malaxez bien avec du sel, du poivre, et l'œuf pour amalgamer le tout.

2 Formez-en 4 croquettes plates. Farinez-les légèrement de part et d'autre juste avant la cuisson.

3 Faites-les cuire à la poêle dans un mélange de beurre et d'huile, pendant 3 ou 4 min de chaque côté, à feu assez vif. Vous pouvez présenter avec de petits bouquets de cresson nature.

Mon avis

Si cela vous arrange de préparer les fricadelles 1 ou 2 h à l'avance (mais pas plus), enduisez-les d'huile aussitôt façonnées. Couvrez-les d'une feuille d'aluminium et placez-les au plus froid du réfrigérateur. Ne les farinez qu'au moment de les cuire.

15 min

Foie sauté

Difficulté ★ - **Coût** ★★★

Pour 4 personnes **Foie, 4 tranches de 125 g chacune ▪ Farine, 30 g (1 cuil. à soupe très pleine) ▪ Beurre, 50 g ▪ Vinaigre balsamique, 1 cuil. à soupe ▪ Sel, poivre**

1 Farinez légèrement les tranches de foie.

2 Dans une poêle, faites chauffer 30 g de beurre. Lorsqu'il est bien chaud, déposez-y les tranches de foie et laissez cuire sur feu moyen, environ 2 ou 3 min de chaque côté. Salez, poivrez et déposez dans un plat chaud.

3 Remettez dans la poêle 1 noix de beurre restant et le vinaigre. Laissez bouillir sur feu vif un instant en agitant la poêle, puis versez sur le foie.

Mon avis

- *Une variante agréable de ce plat : le foie sauté à l'américaine. Faites d'abord revenir quelques instants, dans la poêle, de petits morceaux de lard de poitrine. Retirez-les de la poêle et, à la place, faites cuire le foie. Servez ces tranches de foie recouvertes de lardons et de persil haché.*
- *Le foie de veau est le plus fin, mais le plus cher aussi. Très bon et moins cher : le foie d'agneau. Bon marché : le foie de génisse.*
- *On farine le foie pour éviter les éclaboussures à la cuisson. Le même résultat est obtenu si on passe le foie dans du lait et qu'on l'égoutte avant de le déposer dans la poêle.*

15 min

Rognons sautés à la moutarde

Difficulté ★ - **Coût** ★★★

Pour 4 personnes **Rognons de veau, ouverts en deux ou coupés en dés, 2 ▪ Beurre, 40 g ▪ Saucisses chipolatas, 4 ▪ Têtes de champignons, 4 ▪ Vin blanc, 20 cl (1 verre) ▪ Moutarde forte, 1 cuil. à soupe ▪ Sel, poivre**

1 Faites sauter rapidement à la poêle les chipolatas et les têtes de champignons, avec 1 noix de beurre. Salez, poivrez et tenez au chaud.

2 Remettez 30 g de beurre dans la poêle, pour y faire cuire les rognons, sur feu doux, de 3 à 5 min. Salez. Retirez-les de la poêle. Mettez-les au chaud, sur une grille, pour les laisser égoutter.

3 Versez le vin blanc dans la poêle restée sur le feu. Laissez bouillir tout en délayant afin de faire réduire. Puis retirez du feu et incorporez la moutarde forte, en mélangeant vigoureusement. Versez sur les rognons accompagnés de chipolatas et de champignons.

Mon avis

Le secret de la moutarde qui ne tourne pas à la cuisson : c'est hors du feu qu'elle est ajoutée dans une sauce ou une préparation très chaude. Vivement incorporée au fouet ou à la cuillère en bois, elle ne retourne à aucun prix sur le feu. S'il faut la réchauffer, seul le bain-marie ne lui sera pas fatal.

Steak tartare

10 min

Difficulté ★ - Coût ★

Pour 4 personnes **Viande hachée, 400 g ▪ Jaunes d'œufs, 4 ▪ Oignons (facultatif), 4 petits ▪ Câpres, 3 cuil. à soupe ▪ Moutarde forte, 4 cuil. à café ▪ Persil ▪ Sel, poivre**

1 Juste avant de passer à table, hachez finement oignons et persil. Mélangez avec la viande ainsi que les câpres, la moutarde, le sel et le poivre.

2 Donnez la forme d'une boulette aux quatre steaks. Creusez légèrement le centre pour y déposer 1 jaune d'œuf. Apportez-les tels quels sur la table.

Mon avis

- *Demandez au boucher de hacher la viande devant vous.*
- *Important : le steak tartare est à consommer sans attendre.*
- *Il existe bien des variantes à la recette du steak tartare. Vous pouvez supprimer certains ingrédients que vous n'aimez pas et en ajouter d'autres tels que : ketchup, sauce anglaise, poivre de Cayenne, ail, fines herbes... Tout ce qui peut en corser le goût vous est permis.*

15 min

Steaks à la lyonnaise

Difficulté ★ - **Coût** ★

Pour 4 personnes **Steaks, 4 ▪ Oignons, 2 à 3 ▪ Beurre, 30 g ▪ Vin blanc sec, 1/2 verre ▪ Sel, poivre**

1 Épluchez les oignons. Coupez-les en rondelles fines. Mettez-les à dorer dans une poêle avec 20 g de beurre, sur feu moyen. Salez, poivrez. Retirez-les de la poêle et gardez-les au chaud.

2 Remettez une noix de beurre dans la poêle. Lorsqu'elle est très chaude, déposez-y les steaks. Laissez-les cuire 1 à 2 min environ, puis retournez-les sans les piquer. Salez, poivrez et faites cuire sur l'autre face jusqu'à ce que le sang perle à la surface du côté déjà cuit. Disposez les steaks dans un plat chaud. Recouvrez-les avec les oignons cuits. Tenez au chaud.

3 Remettez la poêle sur le feu. Versez-y le vin blanc. Délayez les sucs de viande caramélisés dans la poêle en grattant le fond avec une cuillère en bois. Laissez bouillir 1 ou 2 min et arrosez-en les steaks avant de les apporter à table.

Mon avis

- *Achetez le steak dans le filet, le contre-filet, le rumsteck, l'entrecôte. Ou encore, si vous aimez la viande aux fibres un peu « longues », très juteuse et très savoureuse, prenez de la bavette, de la hampe (peu épaisse) ou de l'onglet.*
- *Variante : steaks à la poêle. Faites chauffer le beurre dans une poêle. Lorsqu'il est très chaud, déposez-y la viande. Lorsque la viande est saisie d'un côté (au bout de 1 à 2 min environ), retournez-la. Salez, poivrez. Laissez cuire sur l'autre face jusqu'à ce que le sang perle à la surface du côté déjà cuit. À ce moment, la viande est « à point ».*

Entrecôtes Bercy

15 min

Difficulté ★ - **Coût** ★

Pour 4 personnes **Entrecôtes, 2 (de 350 à 400 g chacune) ▪ Beurre, 40 g ▪ Huile, 1 cuil. à soupe ▪ Échalote, 1 ▪ Vin blanc sec, 1/2 verre ▪ Farine, 1 cuil. à café rase ▪ Persil ▪ Sel, poivre**

1 Hachez l'échalote et le persil.

2 Enduisez la viande d'huile. Faites préchauffer une grande poêle. Lorsqu'elle est très chaude, déposez-y la viande (procédez en deux temps). Une fois bien saisies d'un côté, au bout de 1 à 4 min selon votre goût, retournez-les sans les piquer. Salez et poivrez. Laissez-les cuire sur la deuxième face. Mettez la viande sur un plat. Tenez celui-ci au chaud.

3 Remettez la poêle sur feu vif, avec le vin blanc, 1 cuil. à café d'eau, l'échalote et le persil. Faites bouillir 1 min sur feu moyen.

4 Pendant ce temps, malaxez avec une fourchette 1 cuil. à café rase de farine et 1 noix de beurre. Incorporez à la sauce. Mélangez sur feu doux jusqu'à épaississement de la sauce. Versez sur la viande et servez dans des assiettes chaudes.

Mon avis

- *La bonne viande de bœuf est d'un beau rouge franc. Elle est sillonnée de fines veines de graisse blanc ivoire. On dit qu'elle est « persillée ».*
- *Tenez la viande au chaud entre deux plats, soit dans le four chaud mais éteint, soit au-dessus d'une casserole d'eau en ébullition. Ce temps d'attente permet à la viande de s'attendrir.*

Hamburgers

25 min

Difficulté ★ - Coût ★

Pour 4 personnes **Steak haché, 500 g ▪ Oignon, 1 gros ▪ Beurre, 40 g ▪ Petits pains ronds, 2 ▪ Tomates, 2 ▪ Sauce tomate épicée (type ketchup) ▪ Sel, poivre**

1 Hachez finement l'oignon. Mélangez-le avec la viande hachée, salée et poivrée. Formez-en 4 boulettes aplaties.

2 Faites chauffer le beurre dans une poêle. Mettez-y les boulettes de viande à dorer rapidement, sur feu assez vif, de chaque côté. Puis laissez cuire doucement, sur feu moyen, de 10 à 15 min.

3 Servez ces « hamburgers » sur la moitié d'un petit pain rond, chaud, avec des tranches de tomates crues et de la sauce tomate très épicée.

Mon avis

- *Pour être tout à fait dans la note américaine, vous pouvez accompagner ces hamburgers de frites et de ketchup à part.*
- *Variante : vous pouvez aussi réaliser des hamburgers de volaille (filet de volaille haché à la place de bœuf).*
- *Essayez de préparer vous-même un « ketchup » en cuisant des tomates en marmelade avec un peu de vinaigre, du sucre, du sel et une pointe de piment.*

Côtelettes d'agneau grillées

15 min

Difficulté ★ - Coût ★★★

Pour 4 personnes **Côtelettes, 8 ▪ Huile, 1 cuil. à soupe ▪ Beurre, 30 g ▪ Persil ▪ Sel, poivre**

1 Allumez le gril du four.

2 Badigeonnez les côtelettes avec un peu d'huile. Déposez-les sur la grille, placée elle-même sur la plaque creuse du four (lèchefrite), et faites-les cuire à 250 °C (th. 8-9), porte du four ouverte, de 2 à 3 min sur chaque face, suivant l'épaisseur des côtelettes.

3 Avant de servir, salez et poivrez. Déposez sur chaque côtelette une noisette de beurre malaxée avec du persil haché

Mon avis

- *Le mouton et l'agneau, cuits à la poêle ou rôtis au four sont généralement servis « à point », c'est-à-dire rosés.*
- *Faites chauffer les assiettes avant d'y servir la viande. C'est une chose toujours souhaitable mais, quand il s'agit de mouton, ce raffinement s'impose, car la sauce du mouton fige très rapidement.*

Potage velouté d'avocat

15 min

Difficulté ★ - **Coût** ★

Pour 4 personnes Avocat, 1 ▪ Bouillon de poulet (tablette), 1 l ▪ Quelques feuilles d'estragon ▪ Poivre, sel ▪ Crème fraîche, 1 cuil. à soupe ▪ Jaunes d'œufs, 2 ▪ Petits dés de pain frais (facultatif)

1 Pendant que chauffe le bouillon de poulet, épluchez l'avocat et coupez-le en dés. Mettez dans le bocal du mixeur avec l'estragon, un peu de sel et du poivre. Couvrez juste avec du bouillon bouillant. Mixez en donnant 2 ou 3 impulsions.

2 Versez, en plusieurs fois, le reste du bouillon très chaud dans le mixeur. Mixez par à-coups. Terminez en ajoutant la crème fraîche et les jaunes d'œufs. Mixez en continu, le temps d'obtenir une crème parfaitement homogène. Servez aussitôt en soupière ou en tasses, accompagné ou non de petits dés de pain sautés au beurre.

Mon avis

L'estragon peut être remplacé par du cerfeuil ou de la ciboulette. Et pour obtenir une saveur beaucoup plus accentuée, vous ajouterez 1/4 de gousse d'ail seulement.

15 min

Consommé aux cheveux d'ange

Difficulté ★ - **Coût** ★

Pour 4 personnes **Bouillon de bœuf (tablette), 1 1/4 ▪ Quenelles de volaille fraîches, 2 ▪ Crème fraîche, 100 g ▪ Poulet froid (facultatif), 1 aile ou 1 cuisse ▪ Vermicelle très fin, 4 cuil. à soupe ▪ Liqueur de madère, 10 cl (1 verre) ▪ Laitue, 2 feuilles**

1 Portez le bouillon de bœuf à ébullition.

2 Ajoutez-y les quenelles de volaille coupées en rondelles, la crème et, facultativement, de tout petits dés de poulet.

3 Lorsque le liquide est remonté à ébullition, versez-y le vermicelle. Laissez bouillir 2 min, en remuant. Arrosez de madère et versez dans la soupière ou les bols.

4 Roulez les feuilles de laitue, serrées sur elles-mêmes. Tranchez-les en fines lanières. Déposez sur le potage et présentez à table.

Mon avis

Les cheveux d'ange sont de longs vermicelles d'une extrême finesse. Leur cuisson est donc très rapide. À défaut de la variété « cheveux d'ange », du vermicelle fin ou du vermicelle chinois conviennent bien.

15 min

Côtes (ou escalopes) de veau à la crème

Difficulté ★ - **Coût** ★★

Pour x personnes **Côtes (ou escalopes) de veau, 4 ▪ Farine, 1 cuil. à soupe ▪ Beurre, 30 g ▪ Crème fraîche pasteurisée, 3 ou 4 cuil. à soupe ▪ Sel, poivre**

1 Salez et poivrez la viande, puis farinez-la légèrement des deux côtés.

2 Faites chauffer 30 g de beurre dans la poêle. Mettez-y la viande à cuire sur feu moyen, de 4 à 5 min de chaque côté, suivant l'épaisseur.

3 Déposez les côtes (ou les escalopes) dans un plat chaud. Dans la poêle restée sur le feu, mettez 3 ou 4 cuil. à soupe de crème fraîche. Délayez-la soigneusement avec une cuillère en bois. Laissez bouillir un instant. Versez sur la viande et servez aussitôt.

Mon avis

Un raffinement supplémentaire : quand la viande est cuite, versez dans la poêle 1 ou 2 cuil. à soupe de cognac, de fine ou d'armagnac. Portez à ébullition et faites flamber sur le feu. Retirez ensuite la viande et délayez vivement la crème fraîche avec le jus resté dans la poêle.

Difficulté ★ - Coût ★

Pour 4 personnes **Pommes de terre, 600 g ▪ Œufs, 2 ▪ Sel, poivre ▪ Farine, 20 g (1 cuil. à soupe rase) ▪ Huile pour la cuisson**

1 Les pommes de terre : pelez les pommes de terre. Râpez-les au mixeur ou au râpe-légumes. Rincez-les à grande eau froide pour ôter la fécule. Pressez-les dans un linge pour les assécher le plus possible.

2 Le mélange : mettez ce hachis de pommes de terre crues dans une terrine. Ajoutez 2 œufs entiers, du sel, du poivre et 1 cuil. à soupe rase de farine. Mélangez bien avec une fourchette.

3 La cuisson : faites chauffer un peu d'huile dans une grande poêle. Quand elle est très chaude, déposez 3 ou 4 cuil. de pommes de terre dedans. Aplatissez-les en petites crêpes minces. Faites dorer rapidement d'un côté. Retournez à l'aide d'une spatule. Laissez dorer de l'autre côté. Servez très chaud.

Mon avis

- *Tenez-les au chaud dans le four doux ou entre deux assiettes sur une casserole d'eau bouillante.*
- *Vous pouvez mélanger aux pommes de terre mixées crues de l'ail et des fines herbes ou du gruyère râpé. Dans ce dernier cas, aromatisez d'1 ou 2 pincées de muscade râpée.*

15 min

Pommes sablées

Difficulté ★ - Coût ★

Pour 4 personnes **Pommes de terre cuites à l'eau, 800 g ▪ Beurre, 40 g ▪ Chapelure, 10 g (1 cuil. à soupe) ▪ Sel, poivre**

1 Faites bien chauffer 40 g de beurre dans une grande poêle ou dans une cocotte. Mettez les pommes de terre coupées en dés ou en rondelles à dorer dedans, sur feu assez vif, une dizaine de minutes. Remuez souvent la poêle.

2 Au moment de servir, ajoutez du sel, du poivre et la chapelure. Faites sauter le tout ensemble 2 ou 3 min sur feu moyen.

15 min

Pommes sautées au thym

Difficulté ★ - **Coût** ★

Pour 4 personnes **Pommes de terre cuites à l'eau, 800 g ▪ Beurre, 40 g ▪ Feuilles de thym séchées, 3 ou 4 pincées ▪ Sel, poivre**

1 Faites sauter les pommes de terre dans une poêle avec le beurre.

2 Lorsqu'elles sont bien dorées, ajoutez-y du sel, du poivre et le thym. Couvrez-les et laissez encore 2 ou 3 min sur feu doux pour qu'elles soient bien parfumées.

Croque-monsieur

15 min

Difficulté ★ **- Coût** ★

Pour 4 croque-monsieur **Pain de mie, 8 tranches ▪ Jambon de Paris, 2 tranches minces ▪ Gruyère, 100 g ▪ Beurre, 80 g**

1 Couvrez une tranche de pain d'une lamelle de gruyère, d'une demi-tranche de jambon, à nouveau d'une lamelle de gruyère, puis d'une deuxième tranche de pain. Pressez le tout ensemble pour former un sandwich bien soudé. Procédez de la même façon pour les trois autres croque-monsieur.

2 Dans une grande poêle, faites chauffer modérément 40 g de beurre. Mettez-y les croque-monsieur. Laissez cuire sur feu moyen. Lorsqu'ils sont bien blonds d'un côté, rajoutez 40 g de beurre et retournez-les. Laissez blondir à feu moyen sur l'autre face. Égouttez bien et servez aussitôt.

Mon avis

- *Vos croque-monsieur seront moins gras si vous les laissez égoutter sur un papier absorbant pendant quelques instants avant de les servir.*
- *Cuits au four, ils seront moins imprégnés de beurre : beurrez les tartines de pain de mie et formez les croque-monsieur comme je l'indique dans la recette. Mettez-les quelques minutes à 200 °C (th. 6-7), très près du gril allumé. Retournez-les quand ils sont dorés d'un côté. Ou utilisez un appareil à croque-monsieur.*
- *Un potage, un croque-monsieur, de la salade et un fruit : votre menu du dîner est tout trouvé.*

15 min

Croque-mousseline

Difficulté ★★ - Coût ★

Pour 6 personnes **Brioches, 6 ▪ Roquefort, 75 g ▪ Fromage blanc, 50 g ▪ Lait, 2 cuil. à soupe ▪ Poivre ▪ Cayenne, 1 pincée ▪ Crème fraîche, 100 g**

1 Étêtez les brioches. Creusez l'intérieur pour ne laisser qu'une fine croûte.

2 Écrasez finement le roquefort. Mélangez-le avec le fromage blanc et 1 cuil. de lait pour obtenir un mélange lisse et assez consistant. Poivrez au cayenne si vous aimez.

3 Préparez un peu de crème fouettée : ajoutez 1 ou 2 cuil. de lait (ou d'eau) à la crème fraîche pour l'allonger. Battez-la en mousse avec un fouet (2 ou 3 min pas plus). Répartissez-la au fond des brioches. Déposez dessus la préparation au roquefort. Recouvrez les brioches de leur chapeau pour les présenter à table.

Mon avis

- *Pour obtenir de la crème fouettée sans risque de la voir tourner, la crème fraîche doit être aussi liquide qu'une crème anglaise. N'hésitez pas à l'allonger d'eau ou de lait, comme conseillé dans la recette. Veillez aussi à ce qu'elle soit très froide.*
- *Vous pouvez aussi prendre directement de la crème liquide.*
- *Solution express : de la crème fouettée toute préparée est vendue en bombe dans les rayons frais des grandes surfaces.*

20 min

Cèpes à la bordelaise

Difficulté ★ - **Coût** ★★★

Pour 4 personnes **Cèpes, 750 g ▪ Vinaigre ▪ Huile, 4 cuil. à soupe environ ▪ Échalotes, 2 ▪ Pain rassis émietté, 1 cuil. à soupe ▪ Citron, 1/2 ▪ Persil ▪ Sel, poivre**

1 Retirez la partie terreuse des cèpes. Lavez-les rapidement à l'eau vinaigrée. Égouttez-les et essuyez-les aussitôt. Coupez-les en lamelles. Hachez les échalotes et le persil.

2 Dans une poêle contenant de l'huile bien chaude, faites rissoler les cèpes sur feu assez vif.

3 Ajoutez alors les échalotes hachées, le pain rassis émietté, du sel et du poivre. Laissez cuire le tout 5 min sur feu moyen.

4 Avant de servir, aspergez de jus de citron et parsemez de persil haché.

Mon avis

- *Pour que mon plat de cèpes soit plus économique, j'y ajoute des pommes de terre, préalablement cuites à l'eau, que je fais sauter à part dans une poêle.*
- *Si les cèpes sont destinés à garnir un plat de viande, 400 à 500 g suffiront.*
- *Une idée de variante : dans le Sud-Ouest, c'est souvent l'ail qui remplace l'échalote.*

Champignons sautés aux fines herbes

15 min

Difficulté ★ - **Coût** ★

Pour 4 personnes **Champignons de Paris, 750 g ▪ Beurre, 50 g ▪ Citron, 1/2 ▪ Persil, ciboulette, cerfeuil ▪ Sel, poivre**

1 Ôtez le pied sableux des champignons. Lavez ceux-ci rapidement puis égouttez-les. Coupez-les en lamelles.

2 Dans une grande poêle, faites chauffer modérément le beurre. Faites-y sauter les champignons sur feu vif pendant 5 ou 6 min. Salez et poivrez. Aspergez-les de jus de citron, dès le début de la cuisson, pour qu'ils noircissent moins.

3 Avant de les servir, parsemez les champignons de fines herbes hachées.

Mon avis

Dans la poêle, en même temps que les champignons, je mets un petit morceau d'ail – ou davantage – haché finement. Les amateurs de cuisine parfumée l'apprécient. D'autres champignons, les girolles par exemple, peuvent s'accommoder de la même manière.

30 min

Gratin de haricots berrichonne

Difficulté ★ - Coût ★

Pour 4 personnes **Haricots en grains, 1 boîte ▪ Chapelure, 60 g (3 ou 4 cuil. à soupe) ▪ Gruyère râpé, 50 g ▪ Beurre, 30 g**

Farce **Pain, 50 g ▪ Lait, un peu ▪ Ail, 1 gousse ▪ Persil ▪ Un reste de mouton cuit, 200 g environ ▪ Œuf, 1 ▪ Sel, poivre**

1 Égouttez les haricots. Rincez-les dans une casserole d'eau chaude pour les tiédir.

2 Farce : mouillez le pain de lait. Passez-le à la moulinette ou au mixeur avec l'ail, le persil, la viande, l'œuf, du sel et du poivre pour obtenir un fin mélange bien relevé.

3 Étalez, par couches, dans un plat à gratin, les haricots et la farce. Saupoudrez de chapelure, de gruyère et de noix de beurre. Faites gratiner dans le haut du four très chaud.

Mon avis

Il est évident que ce plat peut être préparé avec des haricots secs cuits à la maison selon la cuisson de base. C'est plus long mais si savoureux. Et, en autocuiseur, cela ne demande guère plus de 30 min… un peu plus que le temps de préparer la farce de la recette.

Mousse de haricots blancs

5 à 10 min

Difficulté ★ - Coût ★

Pour 4 personnes **Haricots cuits (frais ou en boîte), 450 g ▪ Lait, 35 cl (2 verres) ▪ Sel, poivre ▪ Quatre-épices ou muscade, quelques pincées ▪ Maïzena, 20 g (1 cuil. à soupe) ▪ Crème fraîche, 2 cuil. à soupe**

1 Faites chauffer le lait avec du sel, du poivre, de la muscade ou du quatre-épices et la Maïzena. Mélangez. Ajoutez-y les haricots cuits et bien égouttés s'il y a lieu de les réchauffer.

2 Versez le tout, très chaud, dans le bol du mixeur, ainsi que la crème fraîche. Mixez à plusieurs reprises pendant 4 ou 5 s à grande vitesse. Présentez la mousse de haricots avec de l'agneau ou du porc.

3 En variante : des haricots mange-tout peuvent être mélangés pour moitié avec les haricots grains et passés au mixeur.

Mon avis

- *Les haricots peuvent, sans inconvénient, être cuits la veille et réchauffés pour faire la mousse. Si vous cuisez spécialement des haricots pour cette recette (200 g), rappelez-vous que les haricots secs subissent une première cuisson de 15 min à l'eau bouillante non salée, puis une deuxième cuisson de 2 h à l'eau bouillante, avec bouquet garni, oignon et clous de girofle. Salez à mi-cuisson seulement.*
- *Avec un peu d'huile de noix ajoutée à la fin, la mousse de haricots prend une saveur originale et succulente.*

15 min

Omelette au lard

Difficulté ★ - **Coût** ★

Pour 4 personnes **Œufs, 6 ▪ Lard maigre, 100 g ▪ Beurre, 25 g ▪ Sel, poivre**

1 Coupez le lard en dés. Mettez-les dans une casserole d'eau froide. Faites chauffer et égouttez dès l'ébullition.

2 Dans un saladier, battez les œufs avec un peu de sel et du poivre.

3 Faites tiédir le beurre dans la poêle. Incorporez-le aux œufs battus.

4 Remettez la poêle sur le feu (sans la laver). Lorsqu'elle est très chaude, versez-y les œufs et les lardons. Laissez prendre, sur feu vif, 3 à 4 min. Mélangez avec une fourchette pour que l'omelette cuise à fond. Dès qu'elle est un peu sèche sur les bords, encore baveuse au centre, repliez-la et retournez-la sur un plat chaud.

Mon avis

- *Lorsque je fais une omelette au jambon cru ou au jambon de campagne, j'ajoute celui-ci aux œufs sans l'avoir fait blanchir au préalable. Par contre, je ne sale pas du tout les œufs, le jambon étant bien salé.*
- *Ne faites pas revenir les lardons dans la poêle avant d'y cuire l'omelette. Si vous le faites, lavez soigneusement la poêle entre les deux opérations, car l'omelette attacherait inévitablement au fond.*

15 min

Omelette du Mont Saint-Michel

Difficulté ★ - **Coût** ★

Pour 4 personnes **Œufs, 6 ▪ Crème fraîche, 2 cuil. à soupe ▪ Beurre, 50 g ▪ Fines herbes (persil, cerfeuil, estragon) ▪ Sel, poivre**

1 Prenez 2 assiettes creuses. Mettez, dans l'une, les jaunes d'œufs, la crème fraîche, du sel et du poivre ; dans l'autre, les blancs d'œufs, du sel et du poivre. Battez séparément le contenu des 2 assiettes.

2 Faites chauffer le beurre dans une grande poêle. Versez-y les jaunes, puis aussitôt les blancs. Faites cuire le tout rapidement 2 à 3 min, en mélangeant doucement avec une cuillère en bois.

3 Repliez l'omelette et glissez-la sur un plat long. Parsemez-la de fines herbes hachées et servez aussitôt.

Mon avis

- J'ai choisi la plus facile des omelettes dites du « Mont Saint-Michel » car, bien sûr, il en existe de nombreuses variantes qui font partie du patrimoine gastronomique des restaurants de l'endroit. Les blancs ne doivent pas être montés en neige, mais seulement battus comme pour une omelette ordinaire.

- Une poêle antiadhésive est recommandée pour cette cuisson.

15 à 20 min

Crosnes

Difficulté ★ - Coût ★

Pour 4 personnes **Crosnes, 800 g**

1 Coupez les extrémités des crosnes. Puis, pour les peler, frottez-les vigoureusement en vrac dans un torchon, avec du gros sel. Lavez-les ensuite à grande eau.

2 Cuits à l'eau, ils sont ensuite accommodés au jus, aux fines herbes, à la crème, à la sauce blanche, et même en salade avec une mayonnaise légère.

Mon avis

- *Les crosnes doivent être bien blancs. Car s'ils sont brunâtres c'est qu'ils ont été arrosés d'eau pour retrouver un semblant de fraîcheur perdue.*
- *Le secret pour que les crosnes restent blancs : faites-les cuire dans de l'eau additionnée d'1 cuil. à soupe de farine ou d'1 jus de citron.*

15 min

Pâtes au roquefort

Difficulté ★ - **Coût** ★

Pour 4 personnes **Pâtes (nouilles plates de préférence), 250 g ▪ Roquefort, 100 g ▪ Crème fraîche, 3 ou 4 cuil. à soupe ▪ Ail, 2 gousses ▪ Sel, poivre**

1 Faites cuire les pâtes dans beaucoup d'eau bouillante salée.

2 Écrasez le roquefort à la fourchette. Ajoutez-y la crème fraîche et du poivre (pas de sel).

3 Égouttez les pâtes soigneusement. Mettez-les à réchauffer 1 ou 2 min sur le feu avec le mélange roquefort-crème.

4 Frottez vigoureusement l'intérieur d'un plat creux avec 2 gousses d'ail écrasées. Versez les pâtes au roquefort dedans. Mélangez et servez aussitôt.

Desserts

15 min

Crème pâtissière

Difficulté ★ - Coût ★

Pour 4 personnes **Lait, 50 cl ▪ Œufs, 4 ▪ Sucre, 150 g (8 cuil. à soupe) ▪ Sucre vanillé, 2 sachets ▪ Farine, 30 g (1 cuil. à soupe très pleine) ▪ Sel, 1 pincée**

1 Mettez le lait salé à bouillir dans une grande casserole.

2 Avec le fouet à sauce, travaillez le sucre, le sucre vanillé et les œufs entiers dans un saladier jusqu'à ce que le mélange blanchisse. Incorporez-y ensuite la farine, puis le lait bouillant, peu à peu.

3 Reversez dans la casserole et laissez cuire doucement, sans cesser de remuer avec une cuillère en bois jusqu'à ce que la crème épaississe. Ne laissez pas attacher au fond de la casserole. Laissez bouillir quelques instants et retirez du feu.

Mon avis

- *La crème pâtissière est généralement utilisée pour garnir un fond de tarte. Pour fourrer des choux, faites-la plus épaisse : mettez 2 cuil. à soupe de farine au lieu d'1 seule et 175 g de sucre.*
- *Vous pouvez la parfumer au kirsch ou au rhum, aussi bien qu'à la vanille.*
- *Remuez la crème de temps en temps pendant qu'elle refroidit, pour éviter la formation d'une peau à la surface.*
- *Il est tout simple de faire une très bonne frangipane à partir d'une crème pâtissière. Il suffit d'y ajouter 2 cuil. à soupe de poudre d'amandes ou même 3 ou 4 macarons finement écrasés.*

15 min

Crème pralinée

Difficulté ★ - **Coût** ★

Pour 4 personnes **Pralin en grains (en sachet), 100 g ▪ Huile, 1 filet ▪ Crème anglaise ▪ Lait, 1/2 l ▪ Sel, 2 pincées ▪ Sucre vanillé, 1 sachet ▪ Jaunes d'œufs, 4 ou 5 ▪ Sucre, 80 g (4 ou 5 cuil. à soupe bombées)**

Matériel **4 coupelles**

1 Portez à ébullition le lait avec le sel et le sucre vanillé. Battez au fouet électrique les jaunes d'œufs et le sucre jusqu'à ce que le mélange blanchisse légèrement. Incorporez-y le lait sucré bouillant, sans cesser de fouetter. Remettez le tout dans la casserole. Délayez, avec une cuillère en bois, sur feu doux, jusqu'à léger épaississement. Retirez du feu aussitôt, sans laisser bouillir.

2 Ajoutez le pralin en grains à la crème encore chaude. Laissez refroidir.

3 Présentez la crème pralinée dans les coupes individuelles, accompagnées de tuiles ou de langues de chat, par exemple.

Mon avis

Les blancs d'œufs restants pourront être utilisés pour meringuer un gâteau de riz aux pommes ou aux poires, une tarte aux fruits ou pour préparer des macarestes.

Bananes flambées au rhum

15 min

Difficulté ★ - Coût ★

Pour 4 personnes **Bananes (pas trop mûres), 4 ▪ Beurre, 30 g ▪ Sucre en poudre, 80 g ▪ Rhum, 1 ou 2 verres à liqueur**

1 Épluchez les bananes. Coupez-les en deux dans le sens de la longueur.

2 Faites fondre le beurre dans une poêle. Mettez-y les bananes à cuire à feu doux, 3 à 4 min de chaque côté.

3 Déposez les bananes dans un plat bien chaud. Saupoudrez-les de sucre en poudre. Versez le rhum dans une petite casserole. Sucrez-le un peu. Portez-le juste à ébullition. Enflammez-le sur le feu et versez, flambant, sur les bananes. Apportez aussitôt à table.

Mon avis

- *Choisissez des bananes pas trop mûres, à l'écorce jaune clair, sans taches. Elles s'écraseront moins facilement à la cuisson.*
- *Le plat doit être bien chaud car le rhum s'arrêterait de flamber au contact d'un plat froid.*
- *Une variante très simple, à la martiniquaise, comme sur la photo : en même temps que le rhum, ajoutez le jus d'1 orange, des raisins secs et 1 clou de girofle. Portez à ébullition quelques instants. Faites flamber aussitôt. Retirez le clou de girofle avant de servir très chaud. S'il y a des enfants à table, ne flambez pas les bananes et supprimez le rhum.*

10 min

Banana split

Difficulté ★ - Coût ★

Pour 4 personnes **Bananes, 4 ▪ Fruits frais divers ▪ Fruits confits (facultatif) ▪ Confiture, quelques cuil. à soupe ▪ Glace, 4 portions ▪ Crème fraîche, quelques cuil. à soupe ▪ Meringues ou petits biscuits, 4**

1 Prenez un petit ravier par personne. Au fond de chacun, disposez des fruits divers coupés en morceaux s'ils sont gros (abricots, pêches, poires, etc.) ou entiers (cerises, framboises, fraises). Mettez un peu de confiture par-dessus. Puis la glace coupée en deux ou trois morceaux, la banane coupée en deux, en longueur, encore de la confiture et de la crème fraîche assez liquide.

2 Pour terminer cet échafaudage, déposez 1 meringue dessus ou plantez-y 1 biscuit.

Mon avis

Ne craignez pas de vous laisser aller à la fantaisie en préparant ce dessert. Seules la banane et la glace sont indispensables ; tout le reste vient par surcroît.

Fromage blanc à la crème et au café

10 min

Difficulté ★ - **Coût** ★

Pour 4 personnes **Fromage blanc, 200 g environ ▪ Crème fraîche, 50 g ▪ Sucre en poudre, 60 g (3 à 4 cuil. à soupe) ▪ Café en poudre soluble, 1 cuil. à café**

1 Délayez le café en poudre avec 1 cuil. à soupe d'eau. Versez-le sur le fromage blanc et la crème fraîche très froide, dans un saladier.

2 Battez le tout avec le fouet à blancs d'œufs, de façon à y faire pénétrer le plus d'air possible. Ajoutez le sucre à la fin. Servez très froid avec des petits gâteaux.

Mon avis

Le fromage blanc et la crème fraîche doivent être bien froids au moment d'être battus.

10 min

Glace Armenonville

Difficulté ★ - **Coût** ★★

Pour 4 personnes **Glace (vanille, vanille-café ou vanille-noisette), 1 barquette ▪ Chocolat fin à croquer, 100 g ▪ Beurre, 1 noix**

1 Faites fondre le chocolat en morceaux sur feu très doux avec 1 noix de beurre et 1 cuil. à soupe d'eau.

2 Déposez le pavé de glace sur un plat long. Versez le chocolat chaud dessus et servez aussitôt.

Mon avis

C'est peut-être moins décoratif, mais bien plus pratique, de servir des parts individuelles de glace et de chocolat chaud dans chaque assiette. Si vos hôtes aiment beaucoup les sucreries, présentez, en plus, une saucière de chocolat bien épais et chaud. Ils en reprendront.

Plus-que-parfait au caramel

15 min

Difficulté ★ - Coût ★

Pour 4 personnes **Œufs, 2 ▪ Crème liquide très froide, 15 cl ▪ Sucre en poudre, 3 cuil. à soupe ▪ Caramel liquide, 1 cuil. à soupe**

1 Crème fouettée : dans un bol, fouettez la crème très froide à vitesse moyenne jusqu'à obtenir une consistance mousseuse et ferme comme de la meringue. Transvasez-la dans un autre récipient.

2 À la place, mettez les jaunes d'œufs, 2 cuil. de sucre et le caramel, travaillez au batteur électrique assez longuement pour obtenir un mélange blanchâtre retombant comme un ruban ; versez-le sur la crème fouettée sans mélanger et remettez au réfrigérateur.

3 Nettoyez bien les fouets du batteur et son bol avant de battre les blancs en neige très ferme. A mi-opération, ajoutez-y le reste de sucre. Incorporez-les délicatement au mélange précédent tout en imprimant à la spatule un mouvement tour à tour enveloppant et coupant comme pour une mousse au chocolat. Versez sans attendre dans 4 ramequins, faites glacer dans le congélateur pendant 2 h. Servez sans démouler.

Mon avis

Si vous préparez les coupes à l'avance, couvrez-les d'aluminium pour éviter que leur parfum ne s'altère dans le congélateur. Sortez-les au début du repas et mettez-les au réfrigérateur.

15 min

Pêches Melba

Au frais : 2 à 3 h

Difficulté ★ - Coût ★★★

Pour 4 personnes **Pêches fraîches ou au sirop, 4 ▪ Confiture ou gelée de fruits rouges, 2 cuil. à soupe ▪ Kirsch, 2 cuil. à soupe ▪ Amandes effilées (en paillettes), 1 cuil. à soupe ▪ Glace à la vanille, 4 portions**

1 Délayez, sur feu doux, la confiture avec 2 cuil. de kirsch, juste pour la liquéfier.

2 Pelez les pêches si elles sont fraîches ou égouttez les pêches au sirop. Ôtez le noyau s'il y a lieu.

3 Répartissez la glace dans quatre petites assiettes ou dans des coupelles. Déposez dessus les pêches coupées en deux. Arrosez de confiture liquéfiée et parsemez d'amandes.

Mon avis

- *Pour peler facilement les pêches fraîches, plongez-les, chacune, quelques secondes dans de l'eau bouillante. La peau s'ôte bien ensuite.*
- *Si vous voulez enrichir davantage ce dessert, déjà très raffiné, fouettez légèrement un peu de crème fraîche que vous déposerez sur les coupes.*
- *Variantes non conventionnelles : pour la couleur et la saveur, parsemez de pistaches vertes non salées ou de pralines roses broyées, ou bien encore de menthe (ou verveine) finement coupée.*

Fromage blanc aux raisins secs et aux amandes

15 min

Difficulté ★ - Coût ★

Pour 4 personnes **Fromage blanc, 250 g ▪ Raisins secs, 50 g ▪ Rhum, 1 verre à liqueur ▪ Lait, 2 à 3 cuil. à soupe ▪ Amandes effilées (en copeaux), 50 g ▪ Sucre en poudre, 75 g (4 à 5 cuil. à soupe)**

1 Faites tremper les raisins secs dans le rhum pendant 1 h environ.

2 Mettez le fromage blanc bien froid et le lait dans un saladier. Fouettez le tout avec un batteur à blancs d'œufs, pendant quelques instants.

3 Ajoutez, en dernier lieu, les raisins, le rhum, le sucre et les amandes effilées. Mélangez avec une cuillère. Versez dans quatre petites coupes et laissez au frais jusqu'au moment de servir.

Mon avis

Il faut que tout soit bien froid au départ, afin que cet entremets puisse être servi très frais sans qu'il soit nécessaire de le faire séjourner dans le réfrigérateur.

10 min

Fraises ou framboises au sucre

Difficulté ★ - Coût ★

Pour 4 personnes **Fraises ou framboises, 500 g ▪ Sucre en poudre, quelques cuil. à soupe**

1 Lavez très soigneusement les fruits. Ne les laissez pas séjourner dans l'eau. Égouttez-les bien. Laissez les queues. Si vous avez des feuilles, lavez-les également et mettez-les au fond du compotier. Disposez les fruits dessus et rangez au frais jusqu'au moment de servir.

2 Servez les fruits avec, à part, du sucre en poudre (et éventuellement de la crème fraîche).

Mon avis

- *Par temps d'orage, les fraises tournent très vite.*
- *Transvasez-les, aussitôt achetées, dans un bol et mettez-les, bien couvertes, à l'endroit le moins froid du réfrigérateur.*
- *Vous pouvez aussi présenter les fruits sur un lit de sucre coloré, comme sur la photo, que vous trouverez en épiceries ou grandes surfaces.*

15 min

Pêches Saint-Grégoire sur socles briochés

Difficulté ★ - Coût ★

Pour 4 personnes Petite brioche mousseline cylindrique, 1 ▪ Demi-pêches au sirop, 4 ▪ Gelée de groseilles, 50 g (2 cuil. à soupe) ▪ Rhum ou kirsch, 1 cuil. à soupe
Garniture Groseilles ou framboises (facultatif)
Matériel 1 plat ou 4 assiettes à dessert

1 Coupez dans la brioche 4 rondelles épaisses de 2 cm. Disposez-les sur un plat ou quatre assiettes à dessert.

2 Égouttez les pêches au sirop. Placez 1 demi-pêche sur chaque tranche de brioche.

3 Faites fondre au fouet la gelée de groseilles, sur feu doux, en laissant bouillir quelques secondes. Ajoutez-y, à la fin, un peu de rhum ou de kirsch. Versez sur les demi-pêches pour les enrober. Et si c'est la saison, garnissez avec des groseilles ou des framboises.

Mon avis

À essayer aussi avec des pêches fraîches préalablement pelées.

15 min

Soufflé de semoule aux raisins secs

Difficulté ★★ - Coût ★

Pour 4 personnes **Semoule, 30 g ▪ Lait, 1/4 de l ▪ Sucre, 40 g (2 cuil. à soupe rases) ▪ Sucre vanillé, 1 sachet ▪ Œufs, 2 ▪ Beurre, 1 noix ▪ Raisins secs, 25 g ▪ Rhum, 3 cuil. à soupe**

1 Faites macérer les raisins dans le rhum.

2 Faites cuire la semoule dans le lait. Hors du feu, ajoutez les jaunes d'œufs, les raisins, puis les blancs battus en neige.

3 Beurrez un moule à soufflé. Versez la préparation dedans et faites cuire à feu moyen (170 °C, th. 5-6) 20 min.

Pommes caramélisées à la poêle

15 min

Difficulté ★ - **Coût** ★

Pour 4 personnes **Pommes, 3 ▪ Beurre, 30 g ▪ Sucre en poudre, 60 g (3 cuil. à soupe) ▪ Rhum, 1 verre à liqueur**

1 Épluchez et coupez les pommes en quartiers assez minces.

2 Faites fondre le beurre dans une poêle. Mettez-y les pommes à cuire une dizaine de minutes, sur feu moyen. Remuez la poêle de temps en temps.

3 À la fin de la cuisson, saupoudrez-les de sucre, arrosez-les de rhum, flambez aussitôt sur le feu et servez.

Mon avis

- *Évitez de mélanger les pommes avec une cuillère, vous les réduiriez facilement en purée.*
- *Voici un vrai dessert à succès, pour débutantes, vite fait et sans problème.*
- *Il apparaît souvent sur ma table, à la saison des pommes, avec une petite variante parfois : des raisins secs macérés dans le rhum, ajoutés en fin de cuisson.*

Pommes bonne-femme

35 min

Difficulté ★ - Coût ★

Pour 4 personnes **Grosses pommes, 4 ▪ Beurre, 40 g ▪ Sucre en poudre, 2 ou 3 cuil. à soupe**

1 Lavez et essuyez soigneusement les pommes. Ôtez-en les pépins en les creusant, sans les briser, avec un vide-pomme ou un couteau pointu. Préchauffez le four à 200 °C (th. 6-7).

2 Disposez les pommes non épluchées dans un plat à four. Enfoncez 1 grosse noix de beurre dans chacune d'elles. Saupoudrez de sucre. Enfournez pour 20 à 30 min. Servez les pommes tièdes ou même froides.

Mon avis

- *Les pommes éclatent souvent à la cuisson : pour éviter cet inconvénient, entaillez la peau en décrivant une spirale tout autour des fruits, à l'aide d'un couteau pointu.*
- *Cette recette « bonne femme » ou « grand-mère » se prête à de nombreuses variantes, façon terroir ou plus sophistiquées : on peut ajouter 1 cuil. de gelée de groseilles ou de miel dans chaque trou, avant d'y mettre le beurre, ou les garnir d'un hachis de fruits secs (« mendiants ») et de la chair de pomme un peu évidée, le tout lié d'1 bonne cuil. de crème fraîche.*

15 min

Fourré royal à la confiture

Difficulté ★ - Coût ★

Pour 6 à 8 personnes **Génoise achetée toute préparée, 1 de 22 cm de diamètre ▪ Liqueur de rhum ou kirsch, 2 verres ▪ Confiture d'abricots, 200 g ▪ Cerises confites, quelques-unes et quelques morceaux d'angélique ▪ Glaçage royal ▪ Sucre glace, 40 g (4 ou 5 cuil. à soupe bombées) ▪ Blanc d'œuf, 1 ▪ Rhum ou kirsch, 1 cuil. à soupe**

1 La génoise : déposez la génoise sur une planche. Tranchez-la horizontalement à l'aide d'un long couteau-scie (à pain) dans un mouvement de va-et-vient pour obtenir 3 rondelles nettement découpées. Aspergez-les d'alcool.

2 Avec une spatule, tartinez de confiture 2 rondelles de génoise, sur une seule face. La croûte de la tranche supérieure restera non enduite. Reformez le gâteau.

3 Glaçage royal : avec une cuillère en bois, travaillez le sucre glace et le blanc d'œuf non battu, pour obtenir un mélange blanchâtre, crémeux et coulant. Incorporez-y l'alcool choisi.

4 Versez sans attendre le glaçage sur le gâteau bien net et sans miettes. Étalez à la spatule en une couche régulière s'écoulant en gouttelettes sur le pourtour. Laissez sécher à l'air libre ou passez le gâteau dans le four chaud, éteint, pendant quelques minutes. Décorez avec quelques fruits confits.

Mon avis

- *Pressez le pain trempé avant de l'ajouter à la viande, pour que mélange ne soit pas trop liquide.*
- *Le paprika est du poivre de Hongrie en poudre. Très peu piquant, utilisez-le avec prudence cependant car son goût, caractéristique, ne plaît pas à tout le monde.*

10 min

Ananas au kirsch

Difficulté ★ - **Coût** ★★

Pour 4 personnes **Ananas en boîte, 4 tranches ▪ Kirsch, 4 cuil. à café ▪ Cerises confites (à l'alcool ou au sirop), 4**

1 Préparez ce dessert dans autant de petites assiettes qu'il y a de convives. Dans chacune, mettez 1 tranche d'ananas avec, au centre, 1 cerise confite à l'alcool ou au sirop.

2 Arrosez avec 1 cuil. à café de kirsch et quelques cuillerées du sirop de la boîte. Servez aussi frais que possible.

Mon avis

Le kirsch peut être remplacé par du rhum ou du cognac ; c'est une question de goût et de possibilités. Vous pouvez aussi décorer les assiettes avec des feuilles de menthe. En saison, utilisez de l'ananas frais.

Notes

Notes

Table des recettes

Table des matières